Liebe Freunde des Backens!

Längst ist das Selberbacken von Brot nicht nur Müttern vorbehalten, die auf diese Weise versuchen, günstig ihre viele hungrigen Nachwuchsmünder satt zu kriegen. Nein, es hat längst Einzug in den modernen Zwei-, Drei- und gar Einmannhaushalt gefunden.

Und da freut es uns natürlich ganz besonders, dass wir dabei in gewisser Weise eine Vorreiterrolle spielen konnten: Mit unserem Brotbackbuch „Unser täglich Brot.“ Wir haben unglaublich schöne Rückmeldungen von Ihnen bekommen, dafür herzlichen Dank! Es ist uns anscheinend wirklich gelungen, mit diesem Buch einen wichtigen Beitrag zur gesunden Ernährung zu geben – und einer, der dazu noch richtig Spaß macht!

So. Nun haben sie den zweiten Teil vorliegen. Er soll Ihnen als Ergänzung dienen, denn darin geht es weniger um den Vorgang des Backens selbst, den kennen Sie ja spätestens seit unserem ersten Teil. Sondern wir wollen Ihnen zeigen, wie Sie mit ein paar wenigen – und dazu noch wunderbar schmeckenden Zusätzen – wie Kräuter, Saaten oder Gewürze köstliche neue Brotrezepte finden können.

Aber ob es Ihnen nun in erster Linie um die Gesundheit, um die Kreation neuer Geschmackserlebnisse oder schlicht um ein bisschen mehr Würze im Alltag geht, eines bleibt unverrückbar: Brotbacken ist und bleibt jedesmal ein Erlebnis!

Ich wünsche Ihnen weiterhin viel Freude und gutes Gelingen

Ihre

Adelinde Häußler

HÄUSSLER
SO WIRD NATUR KÖSTLICH.

KARL-HEINZ HÄUSSLER GMBH
Nussbaumweg 1
88499 Heiligkreuztal
Telefon: 0 73 71 - 93 77 - 0
Telefax: 0 73 71 - 93 77 - 40
www.backdorf.de
info@backdorf.de

KONZEPTION
Adelinde Häußler & Rosemarie Häußler-Mayer
in Zusammenarbeit mit
Claus Heil & Fridolin Renz

FOTOGRAFIE
Foto Ulrich, Riedlingen

TEXT
Eckhard Grauer, Reutlingen

LAYOUT + DTP
Cornelia Ruckwied, Gomaringen

DRUCK
Druckerei Mack
Schönaich

3. Auflage 2008
20.000 – 30.000

Häussler-Verlag, ISBN-Nr. 978-3-9809661-1-5

INHALTSVERZEICHNIS

...damit Sie den Überblick behalten!

In den Rezepten haben wir die jeweiligen Backöfen mit folgenden Symbolen abgekürzt:

- HÄUSSLER-Elektro-Steinbackofen
- HÄUSSLER-Holzbackofen
- Herkömmlicher Haushaltsbackofen

Die in den Rezepten angegebenen Knetzeiten beziehen sich auf eine Spiralknetmaschine. Wird von Hand geknetet ist etwa die doppelte Zeit anzusetzen.

Saaten Kräuter Gewürze

Nachdem wir uns im ersten Buch intensiv mit den Grundzutaten, dem Korn, den Mehlen und dem Zubereiten des Teiges gewidmet hatten, legen wir dieses Mal unser Augenmerk auf die Geschmacksnoten. Diese erreichen wir über Saaten, Gewürze und Kräuter.

Dabei sind die Grenzen dieser Begriffe fließend: Etwas unsauber gesagt, sind Gewürze der Oberbegriff für Saaten und Kräuter. Alle dienen sie aber einem Zweck: Dem Selbstgebackenen noch eine geschmackvollere und pikantere Note zu geben.

Hier trifft der Begriff Note aufs Wunderbarste, denn die richtige Komposition der verschiedenen Zusätze erzeugt eine vortreffliche Harmonie von körperlichem und seelischem Wohlbefinden. Erleben Sie es!

Am Besten immer mit einem HÄUSSLER-Backofen als Notenschlüssel.

SAATEN

Sonnenblumenkerne

Die wärmeliebende Sonnenblume braucht, für den geneigten Pflanzenfreund nicht überraschend, viel Sonne und ein trockenes Klima zur völligen Ausreife. Daher findet man Sonnenblumenfelder hier zu Lande allenfalls in Süddeutschland, im übrigen Bundesgebiet ist es der empfindlichen Pflanze oft zu feucht. Und das reicht natürlich nicht, um den deutschen Bedarf zu decken. Deshalb stammen große Teile der kernigen Kraftpakete aus den USA, Argentinien, Russland und Ungarn.

Sonnenblumenkerne sind wahre Wunderkerle: Sie strotzen vor Eiweiß, Vitaminen (B1, B6, E) Mineralstoffen (Kalium, Magnesium) und Spurenelementen. Die Indianer Nordamerikas waren es wohl, die die Kerne fürs Brot entdeckten. Vor 5000 Jahren buken sie aus dem Mehl schon Brot und Fladen.

Kürbiskerne

Der Kürbis findet seinen Ursprung in Nord- und Südamerika, fühlt sich heute aber auf der ganzen Welt wohl. Und das in den verschiedensten Farben und Formen. Viele dienen lediglich der Dekoration oder praktischen Zwecken wie als Wassergefäße, Schnupftabakdosen oder als wirksame Maske an Halloween (ein aus Amerika in den letzten Jahren nach Europa herüber schwappendes Gruselfest zum 1. November). Die genießbaren Kürbisse aber schmecken roh wie gebacken, gegrillt oder als Pasteten.

Die Kerne stammen meist aus dem Ölkürbis. Er ist kleiner als der Gemüsekürbis und sein Fleisch ist nicht sonderlich wohlschmeckend. Umso mehr seine Kerne. Sie besitzen ein wunderbar nussiges Aroma, enthalten einen hohen Anteil an mehrfach ungesättigten Fettsäuren, Proteinen und vielen Vitaminen. Und sie werden als Therapie bei Blasen-, Prostata- und Nierenbeschwerden empfohlen.

Sesam

Sesam gehört zu den ältesten kultivierten Ölpflanzen und wird seit vielen Jahrtausenden angepflanzt, vor allem in Indien, in Afrika und dem Mittleren Osten. Heute findet man die Hauptanbaugebiete in vielen äquatornahen, heißen Ländern, vor allem aber in China, Indien und vielen südamerikanischen Ländern.

Die kleinen, etwa zwei Millimeter großen Samen gibt es in schwarz und goldgelb. Es ist aber wohl vor allem der goldgelbe Sesam, der, neben der ungleich höheren Qualität, diesen unnachahmlich nussigen Geschmack liefert.

Es empfiehlt sich, den Samen ungeröstet zu kaufen. So hat er den höchsten Nährwert. Gemessen wurden bis zu 40 Prozent Proteine, mehrfach ungesättigte Fettsäuren, Lecithin, Vitamine B, B3, C, E sowie Magnesium, Kalzium und Phosphor.

Leinsamen

Den Leinsamen kannten schon die steinzeitlichen Menschen als gesunde und sehr wirksame Lösung eines sehr menschlichen Problems. Doch auch außerhalb seiner medizinischen Wirkung – er senkt zudem den Cholesterinspiegel – bietet er allerhand Gründe, ihn zu mögen: 90 Prozent ungesättigte Aminosäuren, Eiweiß, Kalzium, Phosphor, Ballaststoffe heben ihn in den Olymp der wertvollen Speisezusätze. Wer sich ein wenig vor der abführenden Wirkung fürchtet, dem sei die geschrotete Form des Leinsamens nicht empfohlen. Der transportiert den kernigen Geschmack mit großer Wirkung. Allerdings sollte man den gemahlenen Leinsamen nicht länger als 24 Stunden unverarbeitet lassen, da er sonst ranzig wird.

Schnittlauch

Schnittlauch kann sich jedermann im Garten oder sogar auf der Fensterbank selbst

züchten, auch in Nordlage. Er ist sehr ausdauernd und liebt Feuchtigkeit. Beim Abernten empfiehlt es sich, das Gewächs tief unten abzuschneiden, dann treibt der Stock wieder gut an. Schnittlauch enthält viel Vitamin C, Eisen, Zink und mehrfach ungesättigte Fettsäuren und wirkt beruhigend auf den Cholesterinspiegel, wirkt aber auch bei Herzinfarkt, Arteriosklerose oder Schlaganfall. Sein feines Aroma (die Zwiebel und der Knoblauch sind nahe Verwandte) gibt dem Brot eine pikante Note, die mit Wurst und Käse aufs Vortrefflichste harmoniert.

Thymian

Auch dieses Küchenkraut

stammt, wie viele andere, aus dem Mittelmeerraum und wurde bereits lange vor Christus von den Römern und Griechen verwendet. (griechisch: Thymos = Mut, Kraft). Zu uns gelangte es im 16. Jahrhundert, erst in die französische, später auch in andere Küchen. Sein Aroma wird mit pfeffrig-zitronig beschrieben, aber das ist sicherlich unzureichend für dieses intensive, würzige Kraut, das vor allem zu schweren, kräftigen Speisen verwendet wird.
Oder, wie bei uns, als Aromageber im Brot. Thymian kräftigt und stimuliert, hilft hervorragend gegen Husten, wirkt krampflösend und antiseptisch bei allen Entzündungen der Atemwege – und er beruhigt Magen und Darm.
Eine Vorsichtregel: In Maßen verwenden. Zu viel Thymian kann Vergiftungserscheinungen hervorrufen.

Dill

Eine uralte Empfehlung geht an die heiratswillige Dame: Sie solle vor dem Gang zum Traualtar etwas Dill und Senfkörner in die Brautschuhe legen und flüstern: „Ich habe Senf und Dill, mein Mann muss tun, was ich will …“ Na dann! Für Würze jedenfalls ist so gesorgt.
In der Küche verwendet man den Dill, wie öfters bei Kräutern üblich, sowohl als frisches Kraut als auch, was allerdings das Aroma nur kurz hält, getrocknet.
Er besitzt eine mild-aromatische Note, die ein bisschen an Kümmel erinnert, und harmoniert nur mit wenig anderen Gewürzen wie etwa Zwiebeln, Knoblauch oder Petersilie.
Die ursprüngliche Heimat ist Südeuropa, vor allem Römer und Griechen verwendeten das Kraut schon früh. Heute jedoch findet man es selbst in der indischen und asiatischen Küche. Dill wirkt durch seine ätherischen Öle beruhigend und verdauungsfördernd, stärkt das Immunsystem, hilft bei Magenschmerzen und Einschlafstörungen.

Basilikum

Für viele überraschend, stammt der Basilikum oder das Königskraut (griechisch: Basileus = König) keineswegs aus dem Mediterranen, sondern aus Indien. Bei den Hindus gilt er gar als heilig. Erst Karl der Große brachte die Pflanze über Italien hierher, um sie auch nördlich der Alpen anzubauen. Und das, obwohl sie sehr kälteempfindlich ist.
Man verwendet vor allem die Blätter, am Besten

frisch; im Kühlschrank halten sich diese allerdings höchstens einen Tag. Getrocknet verlieren sie schnell an diesem herrlich süßlich-pfeffrigen Aroma, taugen aber so immer noch bestens als Pizzagewürz oder in Kräutermischungen. Basilikum wirkt sich durch seine Gerbstoffe und ätherischen Öle wohltuend auf den Magen- und Darmtrakt aus und harmonisiert Nerven und Atemwege. (Und, ein kleiner Ratschlag aus dem Mittelalter: Basilikumblätter, auf der Brust und im Strumpf getragen, erwecken die Zuneigung beim spröden Partner!)

Petersilie

Die Petersilie gehört zu den

beliebtesten Küchenkräutern, und das seit Alters her. In Griechenland galt sie als heiliges Kraut, die aromatische Würze der Pflanze durfte bei keinem Festmahl fehlen. Auch nicht bei Wettkämpfen: Sportler erhielten Siegerkränze aus Petersilie. Die Pflanze ist nicht sehr anspruchsvoll und wächst ganzjährig fast überall. In ein Glas frisches Wasser gestellt, hält sie lange frisch. Man kann so gut wie alles an der Petersilie verwenden: die Pfahlwurzel, die Blätter, den Samen. Glatte Petersilie schmeckt würziger und kräftiger als die krause Variante. Dabei enthält die Pflanze ätherische Öle, viel Vitamin C und Stärke. Sie wirkt harntreibend, schleimlösend und herzstärkend.

Kümmel + Fenchel

Kümmel: Der kräftig aromatische Kümmel wird außer in Broten weltweit vor allem in schwer verdaulichen Speisen (etwa Sauerkraut mit Eisbein) eingesetzt, wo er seine positive Wirkung bereits während der Nahrungsaufnahme entfaltet. Denn durch die ätherischen Öle und Gerbstoffe beruhigt die aus Asien stammende Pflanze Magen und Darm, fördert die Verdauung, verhindert Koliken und mehr. Er unterstreicht vor allem rustikale, gehaltvolle Brotzeiten.

Fenchel: Der Fenchel gehört zu den ältesten bekannten Gewürzpflanzen und ist rund ums Mittelmeer zuhause. Vor allem dort findet das leicht süßlich-scharfe, bittere, leicht anisähnliche Aroma auch in Brot- und Teigwaren Verwendung. Hier gilt: die harten Körner erst kurz vor der Zubereitung zerstoßen. Fenchel ist sehr sanft, vitaminreich und kann mit seinem hohen Anteil an ätherischen Ölen fast schon zu den Heilpflanzen gezählt werden.

Anis

Zwar wächst der Anis auch in Deutschland ganz gut, sein kräftiges Aroma jedoch kann er nur entfalten, wenn ihn viel Sonne verwöhnt hat. Deshalb wird er, der ursprünglich aus Ägypten und Griechenland in den mitteleuropäischen Raum gelangte, vor allem im östlichen Mittelmeerraum angebaut.
Als Schnaps ist der süßlich duftende Anis legendär: In Griechenland heißt er Ouzo, in Frankreich Pastis, in Italien Sambuca, und längst hat er überall Kultstatus erreicht.
Bei uns wird der Anis (auch süßer Kümmel genannt) hauptsächlich für das Würzen süßen Gebäckes verwendet. Probieren Sie ihn eben deshalb einmal in Ihrem dunklen Brot! Sein warmes, weiches Aroma wird Sie überzeugen.
Anis ist voll ätherischer Öle, wirkt verdauungsfördernd, hilft bei Magenproblemen und beruhigt bei Einschlafstörungen.

Koriander

Die ursprüngliche Heimat des Korianders wird von den Forschern in den vorderen Orient gelegt, aber er wächst auch in Mitteleuropa, allerdings brauchen die Samen viel Sonne, um ihr leicht süßliches, würzig-pikantes Aroma voll entfalten zu können. Das Kraut unterscheidet sich im Geschmack vom Samen durch einen scharfbitteren Unterton und findet vor allem in der Thaiküche und in Südamerika Gefallen. Wir hier in Deutschland verwenden hauptsächlich frisch gemahlenes Samenpulver (vor allem in Spekulatius und Lebkuchen).
Koriander besticht durch seine ätherischen Öle. Außer bei den bekannten Magen-Darm-Heilungskräften wird er auch erfolgreich zur Linderung von Kopfweh (Migräne) und zur Nervenstärkung eingesetzt.

Schabziegerklee

Der heute vor allem in Südtirol kultivierte Brot- oder Schabziegerklee stammt ursprünglich aus dem Mittelmeerraum, fand jedoch auf den kalk- und humusreichen Böden in etwa 1200 m Höhe ideale Anbaubedingungen. Das raue Klima lässt die Pflanze langsam reifen, so dass sie ihren intensiven Geschmack behutsam aufbauen kann. Die Blüten der Würzpflanze verwandeln die Anbauflächen in ein herrliches hellblaues Meer, bevor sie geerntet und getrocknet werden.
Der Klee ist das Würzgeheimnis vieler Südtiroler Brotsorten, vor allem der Vinschgauer Fladen und der Pusterer Breatln aus dem Hochpustertal.
Beim Schabziegerklee droht die Gefahr der Überwürzung. Deshalb: Sparsam verwenden und sich an das optimale Aroma im Brot „heranwürzen".

Die vier Gewürze (Anis, Fenchel, Kümmel, Koriander) sind Bestandteil einer speziell feingemahlenen Mischung, die wir eigens für Sie zusammengestellt haben. Dieses Brotgewürz wurde in vielen Rezepten verwendet und ist bei der Firma HÄUSSLER erhältlich.

Dinkel-Vollkorn-Mischbrot

Bild

Zutaten für 4 Brote à 1000 g:

1500 g Dinkelvollkornmehl
1000 g Dinkelmehl Typ 1050
500 g Dinkelmehl Typ 630
1500 ml Wasser
500 ml Buttermilch
60 – 65 g Salz,
1 1/2 Würfel Hefe
3 EL Sonnenblumenkerne
3 EL Leinsamen geschrotet
3 EL Sesam
5 EL Haferflocken
1 EL Honig
3 EL Obstessig

Zubereitung:

Die Hefe mit 2/3 der Flüssigkeitsmenge, dem mittelfein gemahlenen Dinkel und den Haferflocken vermengen und ca. 3 – 4 Stunden stehen lassen.

Nach dem Einweichen die restlichen Zutaten zugeben und ca. 12 – 14 Minuten kneten bis der Teig glatt und geschmeidig ist. Den Teig abgedeckt ca. 30 Minuten ruhen lassen.

Dann den Gärprozess unterbrechen (Teig kurz durchkneten) und den Teig weitere 60 Minuten ruhen lassen. Nach Belieben 3 – 4 Brote formen. Die geformten Brote nochmals 5 – 10 Minuten ruhen lassen, danach einschießen.

- Oberhitze 280° C, Unterhitze 190° C, nach dem Einschießen Ofen ausschalten und bei fallender Hitze ca. 1 Stunde backen.
- Bei 280° C einschießen, Backzeit ca. 1 Stunde.
- Bei 250° C einschießen, nach 30 Minuten auf 180° C zurückschalten und weitere 30 Minuten fertig backen.

Feines Bauernbrot

Zutaten für 4 Brote à 750 g:

1700 g Weizenmehl Typ 1050 oder 812
300 g Roggenmehl Typ 1150
100 g Sesam, 50 g Leinsamen
100 g Sonnenblumenkerne
1 Würfel Hefe, 1,5 l Wasser
(oder halb Wasser, halb Buttermilch)
50 g Salz, 1 TL Brotgewürz

Zubereitung:

Mehl, Salz und Gewürz in eine Schüssel geben. Mit der Hefe und etwas Wasser und/oder Buttermilch einen Vorteig herstellen und etwa 3 Stunden ruhen lassen.

Sesam, Sonnenblumenkerne und Leinsamen in einer Pfanne oder auf einem Blech leicht anrösten.

Danach alles zusammen zu einem lockeren, geschmeidigen Teig kneten und 90 bis 120 Minuten ruhen lassen. Zwischendurch den Gärprozess unterbrechen (Teig kurz durchkneten). Brote formen und auf einem bemehlten Brett nochmals 5 – 10 Minuten gehen lassen.

- Oberhitze 270° C Unterhitze 190° C, nach dem Einschießen den Ofen ausschalten und ca. 1 Stunde backen.
- Brot bei 280° C einschießen und 1 Sunde backen.
- 250° C einschießen, nach 30 Minuten auf 180° C zurückschalten und weitere 30 Minuten fertig backen.

Heiligkreuztaler Klosterbrot

Bild

Zutaten für 4 Brote à 750 g:

1400 g Weizenmehl Typ 1050
300 g Roggenmehl Typ 1150
300 g Dinkelmehl Typ 630
40 g Salz, 1 Liter Wasser
500 ml Buttermilch, 40 g Öl
1 Würfel Hefe
300 g geröstete Saaten
(Sesam und Sonnenblumenkerne)

Zubereitung:

Alle Zutaten in die Knetmaschine geben und ca. 10 Minuten zu einem glatten aber nicht zu festen Teig kneten. Abgedeckt eine Stunde ruhen lassen.

Den Gärprozess unterbrechen (Teig kurz durchkneten) und nochmals eine halbe Stunde gehen lassen.

Teigportionen zu 850 g abwiegen, diese zu zwei Strängen formen. Die Stränge ineinander verschlingen und in die Ringform legen (die Ringform zuvor mehlen oder mit etwas Kleie oder Saaten ausstreuen). Dort nochmals 5 – 8 Minuten ruhen lassen. Den Teig aus der Ringform auf den Backschieber stürzen und einschießen.

Oberhitze 280° C
Unterhitze 180° C,
nach dem Einschießen den Ofen ausschalten und bei fallender Hitze ca. 50 Minuten backen.

Klosterbrot bei ca. 280° C, einschießen, Backzeit ca. 50 Minuten

Bei 250° C einschießen, nach 25 Minuten auf 180° C zurückschalten und 25 Minuten fertig backen.

Anleitung:

Die Zubereitung des Klosterbrotes ist ...

...ein Kinderspiel: Den Teig teilen, zu Strängen formen

verflechten, nun die Brotform ausstreuen, die

Stränge einlegen und nochmals ruhen lassen.

Bärlauchbrot

Zutaten für 4 Brote à 750 g:

1400 g Weizenmehl Typ 1050
400 g Dinkelmehl Typ 630
200 g Roggenmehl Typ 1150
1 1/2 Würfel Hefe, 45 g Salz
60 g Olivenöl, 1/2 TL Brotgewürz
1400 ml Wasser, 10 g Schmalz
10 g getrockneter gerebelter Bärlauch
oder ca. 6 EL frischer, gehackter Bärlauch

Zubereitung:

Alle Zutaten ausser dem Bärlauch in die Knetmaschine geben und ca. 15 Minuten zu einem glatten, geschmeidigen Teig kneten. Dann den Bärlauch zugeben und nochmals 2 – 3 Minuten kneten. Den Teig 90 Minuten ruhen lassen, evtl. den Gärprozess durch kurzes Kneten unterbrechen. Brote formen und auf einem bemehlten Brett nochmals 5 – 10 Minuten ruhen lassen. Brote vor dem Einschießen einschneiden.

Oberhitze 280°C, Unterhitze 190°C, Backzeit 50 – 60 Minuten.

Bei 280°C einschießen, Backzeit 60 Minuten.

Bei 250° C einschießen nach 30 Minuten auf 180° C zurückschalten und weitere 30 Minuten backen.

Dinkel-Vollkornbrot

Bild

Zutaten für 3 Brote à 750 g:

1500 g Dinkelvollkorn fein gemahlen
150 g Leinsamen, 100 g Sonnenblumenkerne und/oder Kürbiskerne, 100 g Sesam
20 g Salz, 4 EL Obstessig
3/4 Würfel Hefe
1 TL Akazien- oder normaler Honig
1 Liter Wasser

Zubereitung:

Die Hälfte des Dinkelvollkorns 2 bis 4 Stunden einweichen (dicker Brei). Das Wasser von der Rezeptmenge abziehen.

Nach dem Einweichen die restlichen Zutaten zugeben (die Hefe vorher mit etwas Wasser auflösen) und ca. 12 – 15 Minuten kneten bis der Teig glatt und geschmeidig ist.

Den Teig ca. 1,5 Stunden ruhen lassen, dann zwei Brote formen. Die geformten Brote nochmals 5 bis 10 Minuten ruhen lassen, danach einschießen.

Sie können den Teig auch nach der Ruhezeit in zwei gefettete Kastenformen geben und das Brot dann in diesen Formen ausbacken.

Oberhitze 280° C
Unterhitze 190° C,
nach dem Einschießen Ofen ausschalten und bei fallender Hitze ca. 1 Stunde backen.

Dinkelvollkornbrot bei ca. 280° C einschießen,
Backzeit ca. 1 Stunde.

Bei 250° C einschießen und nach 30 Minuten auf 180° C zurückschalten. Nochmals 30 Minuten fertig backen.

Körnerbrot Rustico

Zutaten für 4 Brote à 750 g:

2000 g Weizenmehl Typ 1050
100 g Dinkelvollkornmehl
100 g Roggenvollkornmehl
300 g Sesam
300 g Leinsamen
200 g Sonnenblumenkerne
45 g Salz, 1 Würfel Hefe
etwas Brotgewürz
1,5 Liter Wasser

Zubereitung:

Mit der Hefe und etwas warmem Wasser einen Vorteig herstellen und diesen eine halbe Stunde ruhen lassen. Danach mit dem restlichen Wasser alles ca. 15 Minuten zu einem geschmeidigen Teig kneten, diesen zwei Stunden ruhen lassen. Zwischendurch den Gärprozess unterbrechen (Teig kurz durchkneten). Brote formen und auf einem bemehlten Brett nochmals 5 bis 10 Minuten gehen lassen. Teiglinge auf den Backschieber legen, oben kreuzförmig einschneiden und einschießen.

Oberhitze 270° C
Unterhitze 190° C,
nach dem Einschießen Ofen ausschalten und bei fallender Hitze 1 Stunde backen.

Körnerbrot bei ca. 280° C einschießen,
Backzeit ca. 1 Stunde.

Bei 250° C einschießen,
nach 30 Minuten auf 180° C zurückschalten und weitere 30 Minuten fertig backen.

TIPP: Gebäck in großer Form

Nette Spielerei nicht nur für den Hefezopf oder Ihr Partygebäck: Der Knoten im Hefeteig.

Rheinisches Schwarzbrot

Zutaten für 2 Kastenformen: **Bild**

Für den Ansatz:
500 g Roggenvollkornmehl grob gemahlen
750 ml warmes Wasser
200 g Sauerteig
100 g Sonnenblumenkerne

Diese Zutaten vermengen und abgedeckt über Nacht ruhen lassen.

Am nächsten Tag:
500 g Roggenvollkornmehl mittelfein gemahlen
500 g Weizenvollkornmehl mittelfein gemahlen
35 g Salz, 1 Würfel Hefe
450 ml Wasser, 130 g Rübensirup

Diese Zutaten zum Ansatz dazugeben und mit der Knetmaschine ca. 12 – 15 Minuten zu einem kräftigen Teig kneten. Den Teig ca. 2 Stunden ruhen lassen.

2 Kastenformen ausfetten, evtl. mit Haferflocken ausstreuen. Den Teig in die Formen geben, mit Wasser oben glattstreichen und nochmals etwa 15 Minuten ruhen lassen.

- Oberhitze 260°C, Unterhitze 190°C, nach dem Einschießen den Backofen abschalten. Backzeit 90 Minuten.
- Bei 260°C einschießen, Backzeit 90 Minuten.
- Bei 250°C einschießen, nach 20 Minuten Ofen auf 220°C schalten und weitere 70 Minuten backen.

Hefe-Sauerteig-Vollkornbrot

Zutaten für 3 Brote à 700 g:
300 g Dinkel-Vollkornmehl
150 g Weizenflocken
150 g Weizenmehl Typ 550
600 g Roggenmehl Typ 1150
15 g Zucker oder Honig
125 g Sauerteig
25 g Salz
1 EL Olivenöl
1/2 TL Brotgewürz
1 1/2 Würfel Hefe
750 ml Wasser
75 g gehackte Walnüsse

Zubereitung:
Mit der Hefe und dem Dinkelvollkornmehl einen Vorteig ansetzen (Wassermenge vom Rezept abziehen), danach die übrigen Zutaten ausser den Nüssen dazugeben und einen lockeren Teig herstellen. Die Knetzeit beträgt etwa 15 Minuten. Anschließend die gehackten Nüsse untermischen und den Teig 2 Stunden ruhen lassen.

3 Kastenformen ausfetten, den Teig in die Formen geben und nochmals etwa 15 Minuten gehen lassen. Vor dem Backen die Oberfläche mit lauwarmem Wasser einstreichen und die Brote der Länge nach einschneiden.

- Oberhitze 280°C, Unterhitze 180°C, nach dem Einschießen den Backofen abschalten. Backzeit 60 Minuten.
- Bei 270°C einschießen, Backzeit 60 Minuten.
- Bei 250°C einschießen, nach 20 Minuten Ofen auf 200°C schalten und weitere 40 Minuten backen.

Kartoffelbrot

Bild

Zutaten für 4 Brote à 750 g:

1000 g rohe Kartoffeln
600 g gekochte Kartoffeln
1000 g Weizenmehl Typ 812
2 Eier, 2 Würfel Hefe, 50 g Salz
1/2 TL Muskat, 1 TL Brotgewürz
1 – 2 EL Öl

Zubereitung:

Gekochte Kartoffeln in lauwarmem Zustand schälen und durch eine Presse drücken. Rohe, geschälte Kartoffeln dazu reiben. Die Hefe in etwas Wasser auflösen und zu den Kartoffeln geben. Eier, Öl, Salz und Gewürz dazugeben und kurz durchkneten. Dann das Weizenmehl zugeben und ca. 10 Minuten zu einem weichen Teig verarbeiten. Teig ca. 60 – 70 Minuten gehen lassen.

Den Teig vierteilen und in der bemehlten Form nochmals ca. 20 Minuten ruhen lassen. Vor dem Backen die Brote mit Wasser abstreichen, evtl. mit etwas Kümmel und Salz bestreuen.

- Oberhitze 270°C, Unterhitze 180°C. Den Ofen nach dem Einschießen abschalten und die Brote bei fallender Hitze ca. 70 Minuten backen.
- Bei 270°C einschießen, Backzeit 70 Minuten.
- Bei 250° C einschießen, nach 40 Minuten auf 180° C zurückschalten und weitere 30 Minuten backen.

Treberbrot

Zutaten für 4 Brote à 750 g:

1200 g Weizenmehl Typ 1050
600 g Dinkelmehl Typ 630 oder 1050
200 g Roggenmehl Typ 1150
50 g frischer Biertreber
50 g Salz
20 g Butter oder Schmalz
1 Würfel Hefe
1 TL Brotgewürz
700 ml Wasser
700 ml Bier

Zubereitung:

Aus allen Zutaten einen weichen Teig herstellen und diesen ca. 1 Stunde ruhen lassen.

Den Teig nochmals kräftig durchkneten und in 3 – 4 Stücke teilen. Diese auf der bemehlten Arbeitsfläche zu ovalen Broten aufarbeiten und abgedeckt nochmals 5 – 10 Minuten ruhen lassen.

Gerne können Sie die Teiglinge auch zu ca. 60 cm langen Strängen formen, diese mittig abknicken und ineinander verschlingen.
Die Brote oder Stangen auf den bemehlten Brotschieber setzen, mit Treber bestreuen und einschießen.

- Oberhitze 270°C, Unterhitze 170°C, nach dem Einschießen den Backofen abschalten. Backzeit 55 Minuten.
- Bei 270°C einschießen, Backzeit 55 Minuten.
- Bei 250°C einschießen, mit fallender Hitze 55 Minuten backen.

pezialdünster

Partyräder

Bild

Zutaten für 1 – 2 Partyräder:

2000 g Weizenmehl Typ 550
oder Dinkelmehl Typ 630
40 g Salz
35 g Fett oder Schmalz
1 Würfel Hefe, 20 g Malz
1050 ml Wasser

Zubereitung:

Mit der Hefe, etwas Mehl und Wasser einen Vorteig herstellen und 15 Minuten ruhen lassen. Fett, Salz, Malz und Wasser zugeben und zu einem lockeren glatten Teig verarbeiten – Knetzeit etwa 12 Minuten.

Danach den Teig in Stücke zu ca. 70 g teilen, zu runden Kugeln formen und 10 Minuten gehen lassen. Die geformten Teiglinge anfeuchten und in verschiedene

So geht es bei Ihrer Party richtig rund: Den Teig zu

Kugeln formen, gut mit Wasser benetzen, in die

verschiedenen Saaten drücken, danach zum Rad

legen. Durch das Backen hält alles zusammen.

Saaten (Mohn, Sesam, Leinsamen, grobes Salz oder Kümmel, Sonnenblumenkerne) drücken.

2 runde Backformen mit ca. 32 – 34 cm Durchmesser einfetten und die geformten Brötchen von der Mitte aus zum Blechrand satt auslegen.

Oberhitze 280°C
Unterhitze 180°C
Backzeit ca. 25 Minuten.

Bei 280°C einschießen
Backzeit ca. 25 Minuten.

Bei 250°C einschießen,
ca. 30 Minuten backen.

Kräuterweckle

Zutaten für 30 Weckle:

1000 g Weizenmehl Typ 550
150 g Weizenvollkornmehl
50 g Salz, 120 ml Öl
1 1/2 Würfel Hefe, 500 – 600 ml Milch
10 g Aromat, 25 g Zucker
verschiedene Kräuter, Paprika und
Pfeffer nach Belieben

Zubereitung:

Alle Zutaten ausser den Gewürzen zu einem geschmeidigen Teig verarbeiten und kurz vor Ende der Knetzeit die Gewürze hinzumischen.

Den Teig 20 Minuten ruhen lassen, danach ca. 60 g schwere Teigstücke abwiegen und zu runden Kugeln formen. Diese abgedeckt nochmals 30 Minuten ruhen lassen, auf ein Backblech setzen und nach weiteren 5 Minuten Teigruhe einschießen.

Oberhitze 260°C
Unterhitze 160°C
Backzeit ca. 20 Minuten.

Bei 260°C einschießen,
Backzeit ca. 20 Minuten.

Bei 250°C einschießen,
ca. 20 Minuten backen.

Laugenkastanien

Bild

Zutaten:

1250 g Weizenmehl Typ 550
750 g Dinkelmehl Typ 630
70 g Hefe, 50 g Malz
50 g Salz
100 g Schmalz oder Butterschmalz
1000 ml Wasser

Zubereitung:

Zutaten in der Knetmaschine zu einem glatten Teig kneten und diesen ca. 5 – 10 Minuten stehen lassen. Danach den Teig in 11 Stücke teilen und zu Strängen formen. Diese auf einem Brett nochmals 15 – 20 Minuten ruhen lassen.

Danach die Stränge in der Gefriertruhe ca. 10 – 15 Minuten anfrieren (bleiben dadurch besser in der Form). Die leicht angefrorenen Stränge in die Lauge tauchen, anschließend ca. 1,5 cm dicke Scheiben abschneiden. Auf ein Backblech legen und zügig ausbacken.

Oberhitze 270° C
Unterhitze 140° C
Backzeit 20 Minuten.

Bei 270° C einschießen,
Backzeit 20 Minuten.

Bei 250°C einschießen
Backzeit 20 Minuten.

Mürbe Bierstängel

Bild

Zutaten für ca. 35 Stück:

1000 g Weizenmehl Typ 405
1 Würfel Hefe, 360 g Butter
20 g Salz, 400 ml lauwarme Milch
etwas Pfeffer, Muskat
etwas Milch und Ei zum Bestreichen
Sesam, Mohn, grobes Salz,
Kümmel, Käse

Zubereitung:

In der Knetmaschine alle Zutaten 7 – 10 Minuten kneten und 30 Minuten gehen lassen. Danach Stücke zu 50 Gramm abwiegen und zu 25 – 30 cm langen Stangen formen. Nochmals etwa 15 Minuten ruhen lassen.

Die Milch mit dem Ei verquirlen und die Stangen 2 mal damit einstreichen. Mit Salz und Kümmel, Käse oder Sesam bestreuen.

Oberhitze 250° C
Unterhitze 140° C
Backzeit 20 Minuten.

bei 250° C einschießen,
Backzeit 20 Minuten.

Bei 250° C einschießen,
Backzeit 20 Minuten.

Mürbe Brezeln und Stangen

Zutaten für ca. 15 Stück:

350 g Weizenmehl Typ 550
10 g Salz, 8 g Malz, 25 g Hefe
125 ml Milch, 60 g Butter, 60 g Biskin
etwas Ei zum bestreichen
Kümmel und grobes Salz zum Bestreuen

Zubereitung:

Das Mehl in die Knetmaschine sieben und Hefe, Milch, Butter, Biskin, Salz und Malz dazugeben und ca. 10 Minuten zu einem Teig kneten. Den Teig ca. 30 Minuten gehen lassen. Danach Stücke zu 40 Gramm abwiegen und zu 25 – 30 cm langen Stangen formen. Nochmals etwa 15 Minuten ruhen lassen. Aus der Hälfte der Stangen Brezeln schlingen, den Rest als Stangen lassen.

Die Milch mit dem Ei verquirlen und das Gebäck 2 mal damit einstreichen. Mit Salz und Kümmel bestreuen und in den Ofen schieben.

Oberhitze 240°C
Unterhitze 150°C
Backzeit 20 Minuten.

Bei 240°C einschießen
Backzeit 20 Minuten.

Bei 240° einschießen
20 Minuten backen.

Mischbrot mit Gerste

Bild

Zutaten für 3 Brote à 750 g:

250 g Gerstenvollkornmehl
300 g Weizenvollkornmehl
1050 g Weizenmehl Typ 1050, 30 g Salz
etwas Brotgewürz, 1 Würfel Hefe
500 ml lauwarmes Wasser
500 ml Buttermilch, 20 g Schmalz
oder Butterschmalz, 4 EL Quark

Zubereitung:

Den Weizen und die Gerste fein mahlen und mit dem Weizenmehl mischen. Alle Zutaten in die Knetmaschine geben und ca. 10 Minuten zu einem weichen Teig kneten. Den Teig 45 Minuten gehen lassen.

Den Teig in 2 Stücke teilen, Laibe formen und in zwei bemehlte Körbe setzen. In den Körben nochmals 20 Minuten ruhen lassen. Anschließend auf den bemehlten Backschieber stürzen, mit der Gabel leicht einstechen und in den Ofen schieben.

- Oberhitze 280° C, Unterhitze 170° C, nach dem Einschießen den Backofen abschalten. Backzeit ca. 60 Minuten.
- Bei 280° C einschießen, Backzeit ca. 60 Minuten.
- Bei 250° C einschießen, mit fallender Hitze 60 Minuten backen.

Haferbrot

Zutaten für 3 Brote à 750 g:

500 g Hafervollkornmehl
600 ml Milch
1000 g Weizenmehl Typ 550
40 g Salz, 20 g Zucker
1 Würfel Hefe
250 ml lauwarmes Wasser
125 g zerlaufene Butter

Zubereitung:

Das Hafervollkornmehl mit der Milch mischen und ca. 2 Stunden stehen lassen. Danach die restlichen Zutaten zugeben und ca. 10 Minuten kneten. Den Teig 90 Minuten gehen lassen.

Dann den Teig erneut durchkneten, zu 2 Broten formen und diese nochmals ca. 10 Minuten ruhen lassen. Anschließend auf den bemehlten Backschieber setzen, leicht einschneiden und einschießen.

- Oberhitze 280° C, Unterhitze 190° C, nach dem Einschießen den Backofen abschalten. Backzeit 60 Minuten.
- Bei 280° C einschießen, Backzeit 60 Minuten.
- Bei 250°C einschießen, mit fallender Hitze 60 Minuten backen.

Maisbrot

Zutaten für 3 Kastenformen:

400 g Maismehl
125 g Gerstenvollkornmehl
125 g Hartweizengrieß
1350 g Weizenvollkornmehl
1 1/2 Würfel Hefe
55 g Salz
50 ml Olivenöl
30 g Honig
1400 ml Wasser
3 EL Apfelessig

Zubereitung:

Das Maismehl mit dem Wasser unter Rühren aufkochen und dann handwarm abkühlen lassen. Zusammen mit den restlichen Zutaten einen weichen Teig kneten und diesen ca. 40 Minuten gehen lassen.

Den Teig in drei Stücke teilen, in gefettete Kastenformen setzen und nochmals 20 Minuten ruhen lassen.

- Oberhitze 280°C, Unterhitze 170°C, nach dem Einschießen den Backofen abschalten. Backzeit 60 Minuten.
- Bei 280°C einschießen, Backzeit 60 Minuten.
- Bei 250°C einschießen, mit fallender Hitze 60 Minuten backen.

7-Schwaben-Brot: Das ist es! Das originäre, das ursprüngliche, das erste: HÄUSSLER-Brot.

Sozusagen die Mutter aller unserer Brote. Es schmeckt allein schon phantastisch und passt zu allem: zu Saurem, Süßem, Scharfem ...

Das Brot ist anpassungsfähig, aber stolz und mit eigenem Charakter, der im Hintergrund bleibt und dadurch erst die Stärken der verschiedenen Aromen unterstreicht.

Man kann sagen: Es ist bescheiden im Einsatz, aber groß in der Wirkung. Einfach, ehrlich, gradeaus, zuverlässig, aber dabei hintergründig, gehaltvoll und vielfältig.

Kurz: Ein Brot wie wir Schwaben.

Und weil wir das auf unser Banner geschrieben haben, nennen wir dieses Brot das » 7-Schwaben-Brot«.

7-Schwaben-Brot

Bild

Zutaten für 4 Brote à 750 g:

1250 g Weizenmehl Typ 1050
350 g Weizenmehl Typ 812
300 g Dinkelmehl Typ 1050
100 g Roggenmehl
50 g Salz
1 TL Muskat
1 Würfel Hefe
2 TL Brotgewürz
4 mittelgroße, gekochte Kartoffeln
1 EL Apfelessig
1300 – 1400 ml Wasser

Zubereitung:

Die gekochten, geschälten Kartoffeln durch eine Presse drücken, die Hefe in etwas Wasser auflösen.

Alle Zutaten in die Teigknetmaschine geben und ca. 12 – 15 Minuten zu einem lockeren Teig kneten. Etwa 1,5 Stunden ruhen lassen.

Aus dem Teig 4 Brote formen, diese auf einem bemehlten Backbrett nochmals 10 Minuten gehen lassen.

- Oberhitze 280°C, Unterhitze 180°C, nach dem Einschießen Ofen ausschalten und bei fallender Hitze 1 Stunde backen.
- Bei 280°C einschießen Backzeit 60 Minuten.
- Bei 250°C einschießen nach 30 Minuten auf 180°C zurückschalten und weitere 30 Minuten backen.

HÄUSSLER

Tomatenbrot

Bild

Zutaten für 3 Brote à 600 g:

1350 g Weizenmehl Typ 405
1 Würfel Hefe, 500 ml Milch
150 ml Olivenöl
250 g eingelegte, getrocknete Tomaten
2 Eier, 30 g Salz
50 g Zucker, 200 g Zwiebel
2 EL Olivenöl
1 TL Italienische Kräuter
grob geschroteter weißer Pfeffer
grobes Salz

Zubereitung:

Das Mehl in eine Schüssel sieben und mit der Hefe und der Milch einen Vorteig ansetzen (ca. 20 Minuten).

Die eingelegten Tomaten abtropfen lassen. 150 ml Olivenöl und die Eier verrühren, mit dem Salz und dem Zucker unter den Vorteig mischen. Alles gut kneten (ca. 12 Minuten) bis der Teig glatt und glänzend ist. Abgedeckt etwa 45 Minuten gehen lassen.

Die Tomaten klein würfeln. Zwiebeln schälen, fein hacken und in 2 EL Olivenöl glasig schwitzen, abkühlen lassen. Tomaten, Zwiebeln und Gewürz unter den Teig kneten und diesen nochmals 30 Minuten gehen lassen.

Aus dem Teig 3 Brote formen, diese auf einem bemehlten Backbrett nochmals etwa 20 – 30 Minuten gehen lassen. Die Tomatenbrote mit etwas Wasser bestreichen und mit Pfeffer und Salz bestreuen.

- Oberhitze 250° C, Unterhitze 140° C, Backzeit bei abgeschaltetem Ofen 55 Minuten.
- Bei 250° C einschießen, Backzeit 55 Minuten.
- Bei 250°C einschießen, mit fallender Hitze 55 Minuten backen.

Olivenbrot

Bild

Zutaten für 2 Brote à 750 g:

1000 g Weizenmehl Typ 405
1 Würfel Hefe
700 ml lauwarmes Wasser
140 g Zwiebel, 30 g Salz
150 g schwarze Oliven ohne Stein

Zubereitung:

Mehl in die Knetmaschine sieben und mit der Hefe einen Vorteig

Praktisch und attraktiv: der Zickzackschnitt; auf

dem Brot rechts in ausgebackener Form zu sehen.

ansetzen (ca. 20 Minuten). Die Zwiebel schälen und fein hacken, die Oliven in Scheiben schneiden. Zwiebelwürfel, Oliven und Salz dazu geben und ca. 10 Minuten zu einem glatten Teig kneten. Teig ruhen lassen, bis er das doppelte Volumen erreicht hat. Den Teig erneut durchkneten und zu länglichen Broten formen. Die Brote auf einem bemehlten Brett nochmals 20 Minuten gehen lassen. Danach backen.

- Oberhitze 260° C, Unterhitze 160° C, Backzeit bei abgeschaltetem Ofen 60 Minuten.
- Bei 250° C einschießen, Backzeit 60 Minuten.
- Bei 250°C einschießen, mit fallender Hitze 60 Minuten backen.

Baguette

Bild

Zutaten für 11 Baguette:

2000 g Weizenmehl Typ 550
60 g Salz, 1 Würfel Hefe
etwas Brotgewürz, 70 g Butter
1,3 – 1,4 Liter Wasser

Zubereitung:

Alle Zutaten in die Knetmaschine geben und ca. 10 Minuten zu einem glatten aber nicht zu festen Teig kneten. Abgedeckt eine Stunde ruhen lassen.

Die Baguettebleche müssen gut gefettet sein,

sollen die wohlschmeckenden Brotstangen

einen nachher so verwöhnen, als wäre man

Gott in Frankreich.

Den Teig in 11 Stücke von etwa 300 g teilen und zu 40 cm langen Brotstangen formen. Nochmals 30 – 40 Minuten gehen lassen. Die Stangen mit einem scharfen Messer mehrmals an der Oberfläche schräg einritzen und mit Wasser bestreichen. In die gut gefetteten Baguettebleche legen und einschießen.

Oberhitze 270° C
Unterhitze 190° C
Die Baguette ca. 20 Minuten goldbraun backen.

Baguette bei ca. 280° C einschießen,
Backzeit ca. 20 Minuten.

Bei 250° C 20 Minuten backen.

Ciabatta

Zutaten für 10 Ciabatta:

2250 g Weizenmehl Typ 405
750 g Hartweizengrieß, 80 g Salz
2 Würfel Hefe, 2,7 Liter Wasser (eiskalt)
Olivenöl

Zubereitung:

Mehl und Hartweizengrieß mischen und mit 2 Liter kaltem Wasser ca. 5 Minuten kneten. Danach Salz zugeben und nochmals 3 Minuten kneten. Das restliche Wasser nun langsam im Zeitraum von 2 – 3 Minuten zugeben; nach weiteren 2 Minuten die Hefe beimischen. Der Teig ist fertig, wenn sich die Oberfläche spiegelt und der Teig kleine Blasen wirft (Gesamtknetdauer ca. 15 – 20 Minuten).

Den fertigen Teig aus der Teigknetmaschine nehmen und in eine mit reichlich Olivenöl gefettete Schüssel geben. Bei normaler Raumtemperatur den Teig mindestens 1,5 Stunden ruhen lassen; im Kühlschrank kann der Teig aber auch ca. 8 – 10 Stunden mit Folie abgedeckt ruhen.

Danach den Teig auf ein mit Mehl bestreutes Backbrett kippen. Mit einer Teigkarte ca. 600 g schwere Portionen abstechen, am besten gleich auf ein gefettetes Blech setzen da der Teig sehr weich ist. Nochmals 5 – 10 Minuten gehen lassen, danach einschießen.

Oberhitze 280° C, Unterhitze 200° C, die Ciabatta ca. 20 Minuten backen.

Ciabatta bei ca. 280° C einschießen,
Backzeit ca. 20 Minuten.

Bei 250° C
25 bis 30 Minuten backen.

Pizza

Bild

Zutaten für 8 Pizzen:

600 g Weizenmehl Typ 550
150 g Hartweizengrieß
15 g Salz, 3 EL Olivenöl
400 ml Wasser, 1 Würfel Hefe

Für den Belag:

2 kleine Dosen Tomaten passiert
1 TL Kräutersalz, 2 TL italienische Kräuter
1 Knoblauchzehe gehackt
1 TL Paprika, Schinken oder Salami
geriebener Käse, Tomatenscheiben
Frische Champignons

Zubereitung:

Aus den erstgenannten Zutaten einen geschmeidigen Hefeteig herstellen, ca. 10 Minuten Knetzeit. Teig abdecken und 1 Stunde ruhen lassen. Danach den Teig in 8 gleich große Stücke teilen; diese mit etwas Mehl bestäuben und nochmals 10 Minuten ruhen lassen. Anschließend die Teiglinge mit etwas Mehl zu Pizzen ausziehen oder mit dem Wellholz ausrollen. Die Pizza auf den bemehlten Backschieber legen.

Die passierten Tomaten auf dem Teig verteilen und darauf den Belag nach Wunsch geben. Zum Schluß mit den Kräutern bestreuen und den Käse verteilen. Dann direkt auf den heissen Schamottestein schieben und backen.

Oberhitze 300°C
Unterhitze 200°C
Backzeit ca. 5 – 7 Minuten.
Bei 330°C einschießen
Backzeit ca. 5 Minuten.
Bei 250°C einschießen
ca. 15 Minuten backen.

Focaccia

Zutaten:

2250 g Weizenmehl Typ 405
750 g Hartweizengrieß
80 g Salz, 2 Würfel Hefe
2,7 Liter Wasser (eiskalt)
Olivenöl

Für den Belag:

1 Glas kleine schwarze Oliven
Rosmarin, Oregano, frische Tomaten
(gehäutet, in Stücke geschnitten)
grobes Salz

Zubereitung:

Mehl und Hartweizengrieß mischen und mit 2 Liter kaltem Wasser ca. 5 Minuten kneten. Danach Salz zugeben und nochmals 3 Minuten kneten. Das restliche Wasser nun langsam im Zeitraum von 2 – 3 Minuten zugeben; nach weiteren 2 Minuten die Hefe. Der Teig ist fertig wenn sich die Oberfläche spiegelt und der Teig kleine Blasen wirft (Gesamtknetdauer ca. 15 – 20 Minuten).

Den fertigen Teig aus der Teigknetmaschine nehmen und in eine mit reichlich Olivenöl gefettete Schüssel geben. Bei normaler Raumtemperatur den Teig mindestens 1,5 Stunden ruhen lassen; im Kühlschrank kann der Teig aber auch mit einer Folie abgedeckt ca. 8 – 10 Stunden ruhen.

Den Teig danach auf ein mit reichlich Olivenöl gefettetes (Öl kann ruhig darauf schwimmen) Backblech ca. 1,5 – 2 cm dick streichen. Mit den Fingern Vertiefungen eindrücken – mit kleingeschnittenen Oliven, Tomatenstücken, etwas Rosmarin, Oregano und grobem Salz bestreuen.

Oberhitze 280° C
Unterhitze 200° C
Die Focaccia ca. 20 Minuten backen.
Focaccia bei ca. 280° C einschießen, Backzeit ca. 20 Minuten.
Bei 250° C
ca. 20 Minuten backen.

Italienisches Fladenbrot

Zutaten für 4 Fladen:

500 g Weizenmehl Typ 812
1 Würfel Hefe, 1 TL Salz
350 ml Wasser, 1 EL Olivenöl
Nach dem Backen: 3 EL Olivenöl,
1 EL Kräuter der Provence, Meersalz
oder grobkörniges Salz

Zubereitung:

Alle Zutaten für den Teig zu einem weichen Hefeteig verkneten (etwa 8 Minuten) und diesen ca. 15 – 20 Minuten gehen lassen. Den Teig in etwa 4 gleich große Portionen teilen und diese nochmals 10 Minuten ruhen lassen. Dann die Teigportionen mit bemehlten Händen in Form einer Pizza ziehen. Diese Fladen nochmals 10 Minuten ruhen lassen. Mit den Fingern kleine Vertiefungen in den Teig drücken. Das Fladenbrot mit Öl beträufeln. Mit den Kräutern der Provence und dem Meersalz bestreuen und in den Ofen geben.

- Oberhitze 300°C Unterhitze 200°C. Die Fladen ca. 5 – 7 Minuten backen.
- Bei 310°C einschießen, Backzeit 4 – 5 Minuten.
- Bei 250° C einschießen Backzeit ca. 10 – 15 Minuten.

Toastbrot

Zutaten für 2 Kastenformen:

1000 g Weizenmehl Typ 550
50 g Butter, 1 Würfel Hefe, 20 g Salz
20 g Zucker, 20 g Backmalz
600 ml lauwarme Milch

Zubereitung:

Alle Zutaten ca. 12 Minuten in der Knetmaschine kneten und den Teig ca. 30 Minuten gehen lassen.

Den Teig in zwei Stücke teilen und jeweils zu einem länglichen Laib ausformen. Die Laibe in die gut gefetteten Kastenformen geben und abgedeckt nochmals ca. 40 Minuten ruhen lassen.

Die Toastbrote oben mit Milch abstreichen und mit einem Messer einritzen.

- Oberhitze 230° C, Unterhitze 120° C, Backzeit bei abgeschaltetem Ofen ca. 50 Minuten.
- Bei 230° C einschießen, Backzeit 50 Minuten.
- Bei 230°C einschießen, mit fallender Hitze 50 Minuten backen.

Gekeimtes Brot

Zutaten für 4 Brote à 750 g:

1000 g Dinkelmehl Typ 1050
500 g Weizenmehl Typ 1050
150 g Dinkelkörner gekocht
250 g Roggenmehl Typ 1150
700 ml Wasser, 250 g Dinkelmehl Typ 630,
60 g Salz, 1 1/2 Würfel Hefe, 500 g Kefir
1 EL Honig, 1 TL Brotgewürz
300 g Weizenkörner (zum Keimen)

Zubereitung:

Die Weizenkörner einen Tag einweichen, danach auf einem feuchten Tuch oder in einer Keimbox auslegen und an einem warmen Ort 2 – 3 Tage keimen lassen (die Körner jeden Tag befeuchten). Das gekeimte Getreide durch einen Fleischwolf drehen oder grob mixen. 150 g Dinkelkörner mit etwas Wasser zum kochen bringen und langsam ausquellen lassen. Die Körner sollten noch Biß haben. Danach grob zerhacken.

Alle Zutaten 12 Minuten zu einem glatten, geschmeidigen Teig kneten und 90 Minuten ruhen lassen. 4 kleine Broten formen und nach 10 Minuten Stückgare einschießen.

- Oberhitze 280°C, Unterhitze 190°C, nach dem Einschießen den Backofen ausschalten. Bei fallender Hitze ca. 1 Stunde backen.
- Bei 280°C einschießen, Backzeit ca. 1 Stunde.
- Bei 250°C einschießen, mit fallender Hitze 55 Minuten backen.

Müslistangen

Zutaten:

250 g Haferflocken fein
100 g Kürbiskerne
200 g Sonnenblumenkerne
200 g Sesam, 300 g Walnüsse gehackt
300 g Sultaninen
250 g Dinkelkleie oder Grieß
400 g Honig, 700 ml Milch
1 P. Weinsteinbackpulver
2 P. Vanillezucker

Zubereitung:

Alle Zutaten gut mischen, zuletzt Milch und Honig zugeben und vorsichtig durchkneten. Die Masse 1 cm dick auf einem gefetteten Backblech verteilen und die Oberfläche glatt streichen.

Den Teig 25 Minuten backen, dann aus dem Ofen nehmen und in Riegel schneiden. Die geschnittenen Riegel nochmals 10 Minuten backen.

Oberhitze 200°C, Unterhitze 110°C, nach dem Einschießen den Backofen abschalten.
Bei 210°C einschießen.
Bei 210°C einschießen.

Sie können die Müsliriegel verfeinern indem Sie eine Seite mit Schokoladenglasur einstreichen!

Nuß-Honig-Brot

Zutaten für 3 Brote à 750 g:

600 g Weizenvollkornmehl
je 300 g Weizenmehl Typ 550 + 812
75 g Pistazienkerne, 75 g Mandelkerne
75 g Cashewkerne, 75 g Walnusskerne
5 EL aromatischer Honig, 25 g Salz
1 1/2 Würfel Hefe, 800 ml Wasser

Zubereitung:

Das Mehl in die Teigknetmaschine geben mit Salz, Honig und Hefe einen glatten Teig kneten (ca. 10 Minuten). Danach die Nüsse nach Bedarf schälen oder häuten, grob hacken und vorsichtig unterheben. Mindestens 1 Stunde ruhen lassen.

Den Teig nochmals kräftig durchkneten und in 3 Stücke teilen. Diese auf der bemehlten Arbeitsfläche zu runden Broten aufarbeiten und abgedeckt nochmals 20 – 25 Minuten ruhen lassen. Danach die Brote einschießen.

Oberhitze 270°C, Unterhitze 170°C, nach dem Einschießen den Backofen abschalten. Backzeit 55 Minuten.
Bei 270°C einschießen, Backzeit 55 Minuten.
Bei 250°C einschießen, bei fallender Hitze 55 Minuten backen.

Osterbrot

Zutaten für 6 kleine Brote:

2000 g Mehl Typ 550, 20 g Salz
280 g Zucker, 440 g Butter, 2 Würfel Hefe
4 Eier, Schale von einer Zitrone
400 g Rosinen, 200 g Zitronat/Orangeat
800 ml Milch
Ei zum Bestreichen

Zubereitung:

Aus Mehl, Zucker, Salz, Butter, Eier, Zitronenschale, Hefe und Milch einen weichen Hefeteig zubereiten (10 Minuten Knetzeit). Rosinen, Zitronat und Orangeat zum Schluß unterkneten. Teig 60 Minuten ruhen lassen.

Teig aufarbeiten und runde Brote formen oder in gefettete Kastenformen geben. Laibe nochmals 30 Minuten gehen lassen. Danach mit Ei bestreichen und rautenförmig einschneiden.

Oberhitze 180° C, Unterhitze 110° C, nach dem Einschießen den Backofen abschalten. Backzeit ca. 40 Minuten.
Bei 230° C einschießen, Backzeit ca. 40 Minuten.
220° C einschießen, Backzeit ca. 40 Minuten.

Zwiebelkuchen

Bild

Zutaten für 1 – 2 runde Bleche:

250 g Weizenmehl Typ 550
80 g Butter, 1/2 Würfel Hefe
5 g Salz, 175 ml Wasser

Für den Belag:

1 kg Zwiebeln, 4 Eier
1 Becher Süße Sahne
1 Becher Schmand oder Creme fraîche
120 g Mehl, 15 g Salz, 1 TL Knoblauchgranulat, 1/2 TL Kümmel, 3 Msp. Muskatnuss, etwas Butter oder Schmalz

Zubereitung:

Aus Mehl, Butter, Hefe, Salz und Wasser einen weichen Teig herstellen, Knetzeit ca. 10 Minuten.

Die Zwiebel vierteln, in feine Würfel schneiden und in etwas Schmalz oder Butter glasig dünsten. Danach kalt stellen. Die Eier schaumig rühren, den Schmand bzw. Creme fraîche und die Sahne zugeben. Die Masse mit dem Mehl andicken und den Gewürzen abschmecken. Die gedünsteten Zwiebeln unter die Eiermasse heben.

Den Hefeteig ausrollen und auf das gefettete Blech legen, Rand andrücken. 5 Minuten ruhen lassen, danach die Eier-Zwiebel-Masse daraufstreichen.

Oberhitze 230°C
Unterhitze 150°C
Bei ausgeschaltetem Ofen ca. 55 Minuten backen.

Bei 230°C einschießen,
Backzeit ca. 55 Minuten.

Bei 220°C einschießen,
ca. 55 Minuten backen.

Kartoffelkuchen

Zutaten für 6-7 Fladen:

1000 g gekochte Kartoffeln
500 g Weizenmehl Typ 550
250 g Butter oder Butterschmalz
2 Eier
25 g Hefe
25 g Salz
1 Prise Muskat und Pfeffer

Zubereitung:

Die gekochten und geschälten Kartoffeln reiben oder durch eine Presse drücken. Alle restlichen Zutaten zugeben und den Teig 12 Minuten kneten, danach 45 Minuten ruhen lassen. Portionen zu ca. 300 g abstechen und diese auswellen. Auf den bemehlten Backschieber legen, oben leicht mit Wasser anfeuchten und mit grobkörnigem Salz und Kümmel bestreuen.

Nach dem Backen die noch heißen Fladen mit weicher Butter bestreichen.

Oberhitze 250°C,
Unterhitze 170°C,
Backzeit ca. 20 – 25 Minuten.

Bei 260°C einschießen,
Backzeit ca. 20 Minuten.

Bei 260°C einschießen,
ca. 20 Minuten backen.

Rohrnudeln

Bild

Zutaten für 25 Stück:

1500 g Weizenmehl Typ 550
150 g Zucker, 50 g Honig, 180 g Butter
3 Eier, 25 g Malz, 15 g Salz
1 Würfel Hefe, Saft und Schale
von 1/2 Zitrone, 600 ml Milch

Zubereitung:

Alle Zutaten außer der Butter zu einem geschmeidigen glatten Teig verarbeiten (Knetzeit etwa 5 Minuten). Danach die Butter zugeben und nochmals 5 Minuten kneten. Den Teig 10 Minuten ruhen lassen. 100 g schwere Stücke abwiegen und diese zu Kugeln formen.

In einer Auflaufform die Kugeln locker setzen, mit Ei bestreichen und warmstellen. Nach 20 Minuten nochmals mit Ei bestreichen und 5 Minuten später in den Ofen schieben.

Oberhitze 220°C, Unterhitze 130°C, Rohrnudeln 45 Minuten backen.
Bei 220°C einschießen und etwa 45 Minuten goldbraun backen.
Bei 220°C einschießen und etwa 45 Minuten backen.

Nach dem Backen mit Zuckerglasur bestreichen. Servieren Sie die Rohrnudeln warm mit Vanillesoße und Zwetschgenkompott.

Nusszopf

Zutaten für zwei Zöpfe:

500 g Weizenmehl Typ 550
500 g Dinkelmehl Typ 630
1 Würfel Hefe, 200 g Zucker
Saft und Schale von 1 Zitrone
40 g Butter, 40 g Schmalz
1 TL Salz, 1 Ei, 450 – 500 ml Milch

Für die Füllung:

1 Ei, 250 g Haselnüsse gemahlen
60 g Zucker, 1 Becher Schmand oder
Creme fraîche, 3 EL Kokosflocken
1 EL Rumrosinen, 2 Msp. Zimt

Zubereitung:

Mehl, Salz, Zucker, Zitronensaft und Schale in die Knetmaschine geben. Mit der Hefe einen Vorteig herstellen, dazu etwas lauwarme Milch nehmen. 20 Minuten ruhen lassen. Dann mit der restlichen Milch den Teig kneten (ca. 12 Minuten), die angewärmte Butter und das Schmalz zum Schluß dazugeben. Den Teig 50 – 60 Minuten gehen lassen.

Für die Füllung alle Zutaten zu einer homogenen Masse vermischen.

Den Hefeteig in zwei gleich große Stücke teilen und jeweils zu einem Rechteck ausrollen. Beide Platten mit der Nussfüllung bestreichen und aufrollen. Die beiden Rollen mit

Dass dieser Nusszopf gar kein Zopf ist, sondern

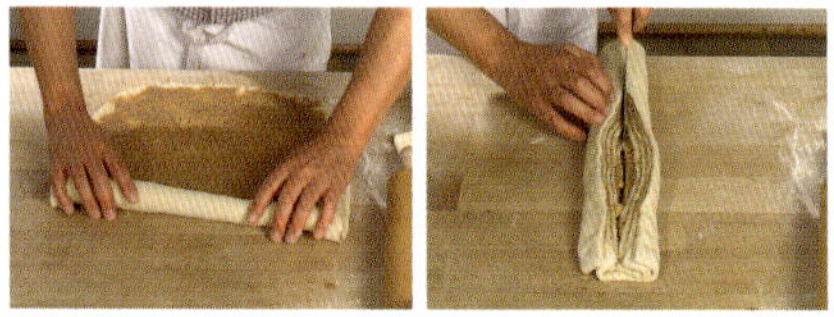

lediglich zwei Stränge ineinander verdreht werden,

macht gar nix: Er schmeckt einfach köstlich!

einem scharfen Messer je in der Mitte der Länge nach durchschneiden und jeweils ineinander verflechten. Die Zöpfe auf ein gefettetes Blech setzen, darauf nochmals 5 Minuten ruhen lassen.

Oberhitze 230°C, Unterhitze 130°C, nach dem Einschießen Ofen ausschalten und ca. 45 Minuten backen.
Bei 220°C ca. 45 Minuten backen.
Bei 220° einschießen, ca. 45 Minuten backen.

Die Zöpfe nach dem Backen mit einer Puderzucker-Zitronen-Glasur bestreichen.

Apfel- und Zwetschgenkuchen

Bild

Zutaten für 1 Backblech:

250 g Weizenmehl Typ 550
250 g Dinkelmehl Typ 630
30 g Hefe, 25 g Butter
20 g Schmalz, 100 g Zucker
Saft und Schale von 1/2 Zitrone
250 ml warme Milch, 1 Ei, 5 g Salz

Für den Belag:

1 kg Zwetschgen oder
1 kg Äpfel

Streusel oder Guß:

Mehlstreusel:

70 g Zucker, 60 g Butter
100 g Mehl, Zimt

Nußstreusel:

70 g Zucker, 70 g Butter, 140 g Nüsse

Rahmguß:

140 g Sauerrahm, 35 g Sahne, Zimt
40 g Zucker, 1-2 Eigelbe

Zubereitung:

Aus den erstgenannten Zutaten einen Hefeteig herstellen, hierbei das Fett zum Schluß unterkneten. Knetzeit ca. 10 – 12 Minuten.

Den Teig 45 Minuten gehen lassen, danach auswellen und auf das gefettete Blech legen.

Das Blech mit den entsteinten Zwetschgen oder den geschälten, in Spalten geschnittenen Äpfeln belegen.

Kuchen mit den Streuseln oder dem Guß bedecken.

Herstellung der Mehl- oder Nußstreusel: Den Butter und den Zucker so lange kneten, bis die Masse weich ist. Danach das Mehl, bzw. die Nüsse untermischen bis es große Streusel gibt.

Herstellung des Rahmgusses: Alle Zutaten mit dem Rührwerk vermischen bzw. aufschlagen.

- Oberhitze 230°C, Unterhitze 130°C, nach dem Einschießen Ofen ausschalten und ca. 30 – 40 Minuten backen.
- Bei 220°C ca. 30 – 40 Minuten backen.
- Bei 200° einschießen, ca. 30 – 40 Minuten backen.

Der Guß kann auch für Aprikosen- Rhabarber- und andere Obstkuchen verwendet werden!

Biskuit Schnitten

Zutaten für 2 Backbleche:

6 Eier getrennt, 6 EL Wasser
1 Prise Salz, 250 g Zucker
250 g Mehl, 1 Msp. Backpulver

Zubereitung:

Eiweiß mit Wasser und Salz schaumig schlagen. Zucker langsam einrieseln lassen. Eigelb danach unterrühren und das gesiebte Mehl und das Backpulver mit einem Löffel unterheben.

- Oberhitze 210° C Unterhitze 130° C Backzeit 15 Minuten.
- Bei 210° C einschießen, Backzeit 15 Minuten.
- Bei 180° C einschießen und etwa 15 Minuten backen.

Quarkcreme

250 g Magerquark mit etwas Zucker, 1 Pack Vanillezucker und dem Saft einer Zitrone oder etwas Fruchtsaft unter 250 ml geschlagene Sahne heben. Den gebackenen Biskuit mit dieser Masse bestreichen und evtl. mit frischen Erdbeeren oder Himbeeren verzieren. Danach mit einem scharfen Messer in beliebig große Stücke schneiden.

Tipp: Geht schnell und schmeckt erfrischend!

Rüblitorte

Bild

Zutaten:

400 g Möhren gewaschen
200 g Dinkelvollkornmehl (fein gemahlen)
400 g Haselnüsse gemahlen
8 Eier, 8 EL Wasser, 6 EL Honig
1 Schuß Kirschwasser, 1 Päckchen Backpulver, Zuckerglasur, Aprikosenmarmelade, geröstete Mandelblättchen
Marzipanmöhrchen

Zubereitung:

Die Möhren fein reiben oder raspeln. Biskuit herstellen: Eier trennen, Eigelb mit Wasser und dem Honig schaumig schlagen, dann das Kirschwasser dazugeben. Danach das Eiweiß steif schlagen. Das Dinkelvollkornmehl mit dem Backpulver mischen, die Nüsse, die Möhren und den Eigelbschaum unter den steifen Eischnee heben.

Den Teig in eine gefettete Springform geben und backen. Nach dem Backen den Kuchen mit Aprikosenmarmelade überziehen und mit einer Zuckerglasur abstreichen. Den Rand mit gerösteten Mandelblättchen dekorieren.

- Oberhitze 200°C, Unterhitze 130°C, nach dem Einschießen Ofen ausschalten und ca. 45 – 50 Minuten backen.
- Bei 200°C ca. 45 – 50 Minuten backen.
- Bei 220° einschießen, ca. 45 – 50 Minuten backen.

Linzer Schnitten

Zutaten:

250 g Weizen- oder Dinkelmehl Typ 550 (auch Vollkornmehl)
1 Messerspitze Backpulver
200 g Zucker
250 g gemahlene Nüsse oder Mandeln
250 g Butter, 1 Ei, 1/2 TL Zimt
1 Prise gemahlene Nelken
1/2 abgeriebene Zitronenschale
Johannis- oder Himbeermarmelade

Zubereitung:

Alle Zutaten in die Teignetmaschine geben und ca. 10 Minuten zu einem homogenen Teig kneten. Den Teig einige Stunden oder über Nacht ruhen lassen. Gut die Hälfte des Teiges auswellen und auf ein gefettetes Blech legen. Mit Johannisbeer- oder Himbeermarmelade bestreichen.

Den restlichen Teig auswellen, in 1 cm breite Streifen schneiden oder ausrädeln und gitterartig auf die Marmelade legen. Gitter mit verquirltem Ei bestreichen.

- Oberhitze 190°C, Unterhitze 140°C, nach dem Einschießen Ofen ausschalten und ca. 35 – 40 Minuten backen.
- Bei 190°C ca. 35 – 40 Minuten backen.
- Bei 190° einschießen ca. 35 – 40 Minuten backen.

Nach dem Backen den Kuchen in 5 x 5 cm große Stücke schneiden. Die Schnitten halten sich in einer Dose über mehrere Wochen.

Tipp: Besonders locker und luftig werden Rührteige mit dem Rührwerk der ALPHA-Knetmaschine.

Zimtsterne

Bild

Zutaten für ca. 50 – 60 Zimtsterne:

8 Eiweiß, 650 g Puderzucker
1 Prise Salz, 15–20 g Zimt
Saft und geriebene Schale einer Zitrone
500 g gemahlene Mandeln

Zubereitung:

Das Eiweiß mit der Prise Salz zu steifem Schnee schlagen, nach und nach Puderzucker und Zitrone zugeben. Die Masse muss so fest sein, daß sie nicht mehr vom Löffel fällt. Ein Drittel der Masse für den Guß in eine Schüssel geben und verschließen. Unter die übrige Masse die Mandeln, Zimt und abgeriebene Zitrone geben, zu einem Teig verarbeiten, ca. 4 – 6 Stunden kalt stellen. Den Teig fingerdick ausrollen, mit der Eiweißglasur glatt bestreichen und mit dem Sternausstecher ausstechen. Auf ein gefettetes oder mit Backfolie belegtes Blech legen und ca. 1 Stunde antrocknen lassen.

Oberhitze 140°C
Unterhitze 100°C
Backzeit ca. 10 – 15 Minuten.
Bei 160°C ca. 7 – 10 Minuten backen.
Bei 160°C ca. 10 – 15 Minuten backen.

Feines Sandgebäck

Bild

Zutaten:

300 g Butter, 180 g Puderzucker
1 Ei, 3 Eigelb, 1 Prise Salz
Vanille-Aroma oder geriebene Zitronenschale, 450 g Mehl

Zubereitung:

Die zimmerwarme Butter mit dem Puderzucker und dem Ei glatt rühren. Die Eigelb nach und nach dazu geben, sowie Salz und Gewürze.

Wenn die Masse schaumig ist, das Mehl vorsichtig unterheben.

In einen Spritzsack füllen, und in verschiedensten Formen auf das gefettete oder mit Folie ausgelegte Backblech spritzen.

Oberhitze 190°C
Unterhitze 120°C
Backzeit ca. 10 – 15 Minuten.
Bei 180°C einschießen, Backzeit zwischen 10 und 15 Minuten.
Bei 180°C einschießen, Backzeit 10 bis 15 Minuten.

Nach dem Backen werden zwei gleiche Teile mit Nougat oder Marmelade bestrichen und zusammengesetzt, die Enden in flüssige Schokolade getaucht.

Springerle

Bild

Zutaten:

250 g Mehl
2 Eier
200 g Puderzucker
1 Päckchen Vanillezucker
Anissamen
etwas geriebene Zitronenschale

Zubereitung:

Die Eier, den gesiebten Puderzucker und den Vanillezucker schaumig rühren. Nach und nach das Mehl mit einem Rührlöffel unterziehen. Den Teig am Schluß durchkneten und ca. einen Zentimeter dick ausrollen. Model eindrücken, ausschneiden und auf ein mit Anissamen bestreutes Blech setzten. Über Nacht trocknen lassen und backen.

Oberhitze 120°C
Unterhitze 110°C
Backzeit ca. 15 Minuten.
Bei 130°C einschießen, Backzeit ca. 15 Minuten.
Bei 140 °C ca. 15 Minuten backen.

Vanillekipferl

Bild

Zutaten:

250 g Mehl
1 TL Backpulver
150 g Butter, 65 g gemahlene Nüsse
1 Päckchen Vanillezucker
65 g Zucker
1 – 2 Eßl. Milch

Zubereitung:

In das Mehl eine Mulde drücken und alle Zutaten bis auf die Butter in die Mulde geben. Butter in Flöckchen auf den Mehlrand schneiden und alles zu einem glatten Teig kneten. Teig in Folie wickeln und ca. 1 Stunde in den Kühlschrank legen.

Anschließend aus dem Teig Kochlöffeldicke Rollen formen, Teile abschneiden und zu Hörnchen biegen.

- Oberhitze 160° C
  Unterhitze 130° C
  15 Minuten hellgelb backen.
- Bei 160° C einschießen,
  etwa 15 Minuten hellgelb backen.
- Bei 180 °C ca. 15 Minuten hellgelb backen.

Die warmen Kipferl mit Vanillezucker bestreuen oder darin wenden.

Linzerplätzchen

Bild

Zutaten für etwa 40 Herzen:

170 g Weizenmehl Typ 405
210 g Butter, 100 g Puderzucker
100 g ungeschälte, geriebene Mandeln
1 TL Zimt, 1 Prise Nelken, 1 Prise Salz

Für die Füllung:

Nougat

Zubereitung:

Aus dem Mehl, Butter, Puderzucker, Mandeln und Gewürzen einen Hackteig herstellen. Die Knetzeit beträgt etwa 5 – 8 Minuten. Den Teig in eine Folie wickeln und 1 Std. kalt stellen.

Den Teig auf etwas Mehl dünn ausrollen und Herzen daraus ausstechen. Die Herzen auf ein mit Backpapier ausgelegtes Blech setzen und backen.

Nach dem Backen die Hälfte der Herzen mit Nougat oder Schokoladenglasur bestreichen und ein zweites Herz darauf setzen. Die gefüllten Herzen zur Hälfte in Schokolade oder Nougat tauchen und erkalten lassen.

- Oberhitze 140°C, Unterhitze 120°C, Backzeit ca. 15 Minuten.
- Bei 140°C ca. 15 Minuten backen.
- Bei 170°C einschießen, ca. 15 Minuten backen.

Würziger Lebkuchen

Zutaten für 2 Kuchenbleche:

750 g Weizenmehl Typ 550
750 g Vollkornmehl
(gemischt Dinkel und Weizen)
3 Pack Backpulver, 350 g Zucker
50 g Lebkuchengewürz, 100 g Honig
abgeriebene Schale von 3 Zitronen
6 Eier, 525 g Butter, 750 g Quark
800 g Rosinen, 450 g gemahlene Mandeln
je 150 g Zitronat und Orangeat

Zubereitung:

Butter, Quark und Eier etwa 3 Minuten kneten, danach den Zucker zugeben und weitere 5 Minuten verrühren. Mehl, Backpulver, Honig und Mandeln zur Masse geben und nochmals 10 Minuten kneten. Zum Schluss die restlichen Zutaten unterheben.

Die Lebkuchenmasse auf die gefetteten Bleche streichen und goldbraun backen. Nach dem Backen mit Schokolade bestreichen und mit abgezogenen Mandeln verzieren. Zu beliebig großen Stücken schneiden.

- Oberhitze 180°C, Unterhitze 130°C, Backzeit ca. 45 Minuten.
- Bei 180°C ca. 45 Minuten backen.
- Bei 180°C einschießen, Backzeit ca. 45 – 50 Minuten.

Zedernbrot

Zutaten für 65 - 70 Stück:

4 – 5 Eiweiß
600 g Puderzucker
Saft und geriebene Schale von
2 kleinen Zitronen
500 g geschälte, geriebene Mandeln.
Zum Auswellen: Sandzucker, Backfett

Zubereitung:

Das Eiweiß zu steifem Schnee schlagen, mit dem Zucker und dem Zitronensaft dick schaumig rühren (davon 1 Tasse zum Guß zurückbehalten). Die Zitronenschale und die Mandeln untermischen, die Masse auf Zucker auswellen und Halbmonde oder Sterne davon ausstechen.

Die Plätzchen über Nacht auf dem Backbrett abtrocknen lassen, dann mit dem zurückbehaltenen Guss glasieren (zuvor wieder 5 Minuten aufrühren) und auf ein gefettetes Backblech setzten.

Bei schwacher Hitze hellgelb backen.

Oberhitze 140°C
Unterhitze 130° C
10 – 15 Minuten backen.
Bei 150° C
10 – 15 Minuten backen.
Bei 180° C
10 – 15 Minuten backen.

Apfelbrot

Zutaten für 2 Kastenformen:

1 kg Äpfel, 150 g Zucker
320 g Rosinen, 1 Eßlöffel Rum
600 g Weizenmehl Typ 550 oder 812
150 g gemahlene Nüsse
1 handvoll ganze Nüsse
2 EL Kakao, 2 TL Zimt
1 TL Lebkuchengewürz
2 Pack Backpulver

Zubereitung:

Äpfel grob raspeln und mit dem Zucker, den Rosinen und dem Rum mischen. Einige Stunden – am besten über Nacht – stehen lassen.

Danach die restlichen Zutaten zugeben und vorsichtig unter die Apfelmasse heben.

2 Kastenformen einfetten, evtl. mit Haferflocken ausstreuen und die Masse einfüllen.

Oberhitze 230° C, Unterhitze 140° C, nach dem Einschießen Ofen ausschalten und bei fallender Hitze ca. 1 Stunde backen.
Apfelbrot bei 230° C einschießen und ca. 1 Stunde backen.
Bei 200° C
1 Stunde backen.

Weihnachtsbrot

Zutaten für 4 Brote à 750 g:

1800 g Weizenmehl Typ 1050
200 g Roggenmehl Typ 1150
850 ml Wasser, 750 g Milch, 1 Würfel Hefe
45 g Salz, 1 schwacher TL Brotgewürz
1 EL Honig, 1 TL Zimt
1 TL Lebkuchengewürz
100 g grob gehackte Haselnüsse
100 g grob gehackte Walnüsse

Zubereitung:

Mehl in eine Schüssel geben und mit der Hefe einen Vorteig ansetzen. Alle weiteren Zutaten , außer die Nüsse, zugeben und 10 –12 Minuten kneten. Zum Schluss die gehackten Nüsse beigeben.

Den Teig ca. 90 Minuten ruhen lassen und dann in vier Stücke teilen und daraus Brote formen. Weitere 5 – 10 Minuten stehen lassen.

Oberhitze 270° C, Unterhitze 190° C, nach dem Einschießen Ofen ausschalten und bei fallender Hitze ca. 1 Stunde backen.
Bei 280° C einschießen und 1 Stunde backen.
Bei 250° C einschießen. Nach 30 Minuten auf 180° C zurückschalten und weitere 30 Minuten fertig backen.

Oberschwaben –
eine Region, so vielfältig wie das Leben.

Sicher: Heiligkreuztal ist schon ein ruhiger Flecken Erde, wie es sich mit seinen 250 Seelen in seiner Schönheit so still und bescheiden hinter weichen Hügeln anschmiegt, sich scheinbar vor dem großen Bodenseeverkehr versteckt. Doch wer nicht nur kurz über die Landkarte huscht, sondern sich interessiert, dem erschließt sich noch ein ganz anderer Blickwinkel: Oberschwaben in seiner ganzen Fülle. Harmonisch verwoben sind Land und Leute, Betriebsamkeit und Barock, Tradition und Technik. Bescheiden und unaufdringlich, doch selbstbewusst, ohne provinzielle Eitelkeit bietet Oberschwaben seine ganze Pracht jenen an, die offenen Auges durch dieses Paradies wandeln. Untermalt wird dieser Genuss von einer großartigen Küche und zahllosen Feiern jedes Jahr: Handwerkermärkte, Stadtfeste, Winzerfeste, Seehasenfeste, Museumsnächte, Wallfahrten, Konzerte, Theater...

Oberschwaben ist also auf seiner gesamten Fläche eine gesegnete Landschaft. Und Heiligkreuztal mischt kräftig mit. Hier sind Sie gleich mittendrin. Während unter dem Schatten des Zisterzienserklosters, das gütig und in aller Ruhe dieses Kleinod behütet, die Häusslers angehen, die Welt zu erobern, können Sie ohne großen Zeit- und Kraftverlust jeden noch so entlegenen Winkel Oberschwabens erreichen, um die mannigfaltigen Angebote zu nutzen.

Kurz: Wer die Zeit mitbringt und den Besuch bei Häusslers nicht zu einem herrlichen Ausflug nutzt, ist selber schuld. Ein Angebotsauszug, und nur das kann es sein bei den sich hier bietenden Möglichkeiten, soll Ihnen verdeutlichen, warum:

Der Federsee

Das Federseeried ist ein Paradies für zahlreiche Vogelarten und seltene Pflanzen, die nur hier im Moor prächtig gedeihen. Das Moor selbst gilt als eine der fundreichsten archäologischen Schatzkammern Europas. Einzigartige Originalfunde erzählen eine spannende Geschichte der Menschen, die hier in dieser herrlichen, von den Eiszeiten geformten Landschaft seit 16.000 Jahren siedeln. Der Erholungssuchende nutzt die zahlreichen Kurangebote und Thermalquellen der Gegend.

Oberschwäbisches Museumsdorf Kürnbach

31 originalgetreu aufgebaute Gebäude aus sechs Jahrhunderten – inklusive Einrichtung der Wohn-, Schlaf- und Wirtschaftsräume und Werkstätten - zeigen die Entwicklung der Landwirtschaft und des Handwerks in Oberschwaben seit Ausgang des Mittelalters. Rund um das Dorf erzählen zahlreiche Vorführungen, Ausstellungen und Feste von der damaligen Zeit. Ein tolles Ausflugserlebnis!

Bad Saulgau

Nur auf den ersten Blick ist Saulgau, das seinen Namen seit 2000 mit „Bad" verzieren darf, lediglich ein Heilquellenort. Im 18. Jahrhundert wurden die schwefligen Quellen entdeckt, und seither kurieren hier jährlich viele dankbare Menschen ihre Beschwerden aus. Bad Saulgau ist aber auch moderner Wirtschaftsstandort und begehrtes Ausflugsziel: 260 Kilometer Wander- und Radwege und der kleine Flugplatz, wo man das Fallschirmspringen erleben kann, sind Anziehungspunkte für viele Unternehmungslustige.

Bad Schussenried

Bad Schussenried gilt als der Ferienort im Herzen Oberschwabens. Nicht nur wegen des Moorheilbades mit seinem „schwarzen Gold", das dem Körper so gut tut, sondern auch wegen des barocken Ambientes in seiner wunderbar unverfälschten Landschaft, welches der Seele so gut tut. Prachtvoll: Das Neue Kloster. Formenvoll: Das Schussenrieder Bierkrugmuseum.

Bussen

Ganze 767 Meter ist er hoch, der „heilige Berg" Oberschwabens, der Bussen, und doch trotzte er schon der Eiszeit. Während das Umland unter der Last des Eises versank, ragte sein Gipfel aus dem weißen Meer empor. Der Blick vom Turm der Burgruine reicht bei klarem Wetter hunderte Kilometer weit, bis hin zu den mächtigen Alpen im Süden, aber auch rüber zum Ulmer Münster.

Dies ist nur ein kleiner Auszug aus dem vielfältigen Angebot der Region. Broschüren und weitere Informationen erhalten Sie bei uns an der Rezeption oder per Internet. Herzlichen Dank an die Tourismusgesellschaft Oberschwaben für Bilder und Informationen!

Oberschwaben
Die Ferien- und Freizeitregion

Aus Freude an der Natur

Die Häußler Familien von links nach rechts: Roland Mayer mit Rosemarie Häußler-Mayer, Adelinde und Karl-Heinz Häußler mit den Enkelkindern Johanna und Ferdinand, Diana und Richard Häußler.

Wenn Sie bei uns vorbeischauen werden Sie es rasch bemerken: Die Freude und das bewusste Auseinandersetzen mit den köstlichen Angeboten der Natur und ihrer gesunden und schmackhaften Zubereitung ist ansteckend. Und hierin liegt unser Ziel: Als familiär geführter, aus der Landwirtschaft geborener Betrieb möchten wir unseren Beitrag dazu leisten, dass Sie sich rundum wohlfühlen.

Deshalb laden wir Sie ein! Besuchen Sie unsere attraktiven Ausstellungsräume. Auf rund 1500 Quadratmetern präsentieren wir Ihnen unser komplettes Sortiment. Oder kommen Sie zu einem Brotback- und Nudelseminar: Das ist ein Erlebnis für die Augen und die Sinne. Neben einer Betriebsführung geben wir Ihnen unser Wissen und Denken im Umgang mit wertvollen Naturprodukten weiter. Backtermine erfragen Sie bitte telefonisch.

Was Sie bei uns alles finden:

Teigknetmaschinen:

Diese sind robust gefertigt, nahezu wartungsfrei und mit modernster Technik ausgestattet. Dabei nimmt Ihnen die Maschine die Schwerstarbeit des Teigknetens ab und knetet den Teig mit Ihrem Spiralknetsystem gleichmäßig und homogen.

Elektrosteinbacköfen:

Unsere Elektrosteinbacköfen arbeiten nach dem Holzbackofenprinzip und sind im Backraum vollschamottiert. So erhalten Sie nahezu Holzofenqualität – ob Brot, Fleisch, Pizza oder Kuchen – hier gelingt Ihnen einfach alles!

Getreidemühlen:

HÄUSSLER-Mühlen arbeiten mit einem Steinmahlwerk und verbinden edles Design mit ausgereifter Technik. So erhalten Sie schonend gemahlenes lockeres Mehl – die beste Voraussetzung für einen wertvollen Teig.